NIVEL 1

El Tiempo

Kristin Baird Rattini

NATIONAL GEOGRAPHIC

Washington, D.C.

Para Tom y Emily, los soles de mi vida —K. B. R.

La editorial y la autora agradecen a Jeff Weber, de la Corporación Universitaria para la Investigación Atmosférica, por la revisión experta de este libro.

Libro en rústica ISBN: 978-1-4263-3351-4

Encuadernación de biblioteca reforzada ISBN: 978-1-4263-3352-1

Créditos de fotografía

Tapa, Ron Gravelle/National Geographic Your Shot; 1, Robert Postma/First Light/Corbis; 4–5, Michael DeYoung/Corbis; 6, Flickr RF/Getty Images; 7, Dennis Hallinan/Jupiter Images; 8–9, Jasper White/Getty Images; 10, National Geographic RF/Getty Images; 11, Sami Sarkis/Getty Images; 12–13, Super-Stock; 14, Radius Images/Getty Images; 15, amana images RF/Getty Images; 16, Michael Durham/Minden Pictures; 18–19, Na Gen Imaging/Getty Images; 20, SuperStock; 22–23, LOOK/Getty Images; 24 (ARRIBA, IZQUIERDA), sittitap/Shutterstock; 24 (ARRIBA, DERECHA), HABRDA/Shutterstock; 24 (ABAJO), Mark Lewis/Getty Images; 25 (ARRIBA), Minerva Studio/Shutterstock; 25 (ABAJO, IZQUIERDA), Galyna Andrushko/Shutterstock; 25 (ABAJO, DERECHA), Dainis Derics/Shutterstock; 26–27, Roy Morsch/Corbis; 28, Varina Patel/iStockphoto; 29 (ARRIBA), Miro Photography/First Light/Corbis; 29 (ABAJO), Richard Bloom/Getty Images; 30 (IZQUIERDA), Ljupco Smokovski/Shutterstock; 30 (DERECHA), Jeffrey Conley/Getty Images; 31 (ARRIBA, IZQUIERDA), tale/Shutterstock; 31 (ARRIBA, DERECHA), SuperStock; 31 (ABAJO, IZQUIERDA), irin-k/Shutterstock; 31 (ABAJO, DERECHA), Juan He/Shutterstock; 32 (ARRIBA, IZQUIERDA), Dainis Derics/Shutterstock; 32 (ARRIBA, DERECHA), Michael Durham/Minden Pictures; 32 (ABAJO, IZQUIERDA), Popovici Ioan/Shutterstock; 32 (ABAJO, DERECHA), Digital Vision/Getty Images

Impreso en los Estados Unidos de América

21/QCG/2

Tabla de Contenidos

Miremos el cielo

El tiempo nos ayuda a saber qué ropa usar, qué cosas hacer y qué cultivar.

Nos trae días de lluvia, con viento o con sol. ¡Vamos a divertirnos afuera!

¿Qué es el tiempo?

Mira el cielo por la ventana. ¿Está soleado o nublado? ¿Está lluvioso o ventoso? ¡Acabas de comprobar cómo está el tiempo!

El tiempo es cómo están las condiciones afuera en cierto momento y lugar. Pero siempre presta atención. ¡A veces el tiempo cambia rápido!

El sol

El sol calienta la tierra. También calienta el aire y el agua.

P ¿Por qué la mujer salió con la cartera abierta?

R Porque esperaba el CAMBIO del tiempo.

El calor y la luz del sol ayudan a los seres vivos a crecer. Las plantas y los animales necesitan el sol para vivir.

Los días soleados son divertidos. ¡Podemos jugar afuera! ¿Vamos al parque? ¿O andamos en bicicleta? El sol calienta el aire. ¡Vamos a nadar para refrescarnos!

Las nubes

Las nubes blancas y algodonadas se llaman *cúmulos*.

En el aire flotan diminutas gotitas de agua. Las gotitas se agrupan y forman nubes de diferentes formas y tamaños.

Las nubes blancas y algodonadas anuncian buen tiempo.

Palabra del tiempo

GOTITA: Porción muy pequeña de líquido

Las nubes planas y
grises traen lluvia.

Las nubes planas y grises
se llaman *estratos*.

Algunas nubes
son finas y ligeras.
Parecen cabello
rizado. Estas nubes
flotan en lo alto
del cielo.

Las nubes finas
y ligeras se llaman
cirros.

¿Qué cae de las nubes?

Plic, ploc. ¡Cae la lluvia!

Las gotitas de agua que están en las nubes a veces caen en forma de lluvia. La lluvia puede caer cuando el tiempo está cálido o fresco.

Los animales y las plantas necesitan lluvia para vivir. La lluvia llena los ríos y los lagos. La lluvia forma charcos en las aceras. *¡Plaf!*

Palabra del tiempo

NEVISCA: Nevada breve y liviana que no alcanza a cubrir el suelo

¡Brrr! Afuera hace frío. Las gotitas de agua en las nubes a veces se congelan. Pueden caer en forma de granizo o de nieve.

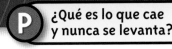

Si graniza, verás que cae hielo.
Si nieva, puede ser sólo una
nevisca. Y si nieva mucho…
¡tendremos un día de nieve!

Relámpagos y truenos

Un relámpago es una descarga de electricidad muy caliente. El relámpago ilumina el cielo. *¡Zas!* El relámpago cae desde la nube hacia la tierra.

Después del relámpago se oye un *¡BUM!* Ese ruido es el trueno.

Palabra del tiempo

ELECTRICIDAD:
Energía que puede generar calor y luz

Los arcoíris

¿Alguna vez has visto un arcoíris después de una tormenta? Los arcoíris se forman a partir de gotitas de agua y luz solar.

El arcoíris pinta franjas de colores brillantes en el cielo. Rojo, anaranjado, amarillo, verde, azul y violeta. ¿Qué color te gusta más?

6 ejemplos de tiempo extremo

1

A veces el agua invade lugares normalmente secos. A eso lo llamamos inundación.

2

El granizo es hielo que cae desde el cielo. ¡Puede ser pequeño o más grande que una pelota de béisbol!

3

Un huracán trae lluvias torrenciales y vientos muy fuertes.

4

Hay vientos fuertísimos que giran como un remolino. Forman los tornados.

Palabra del tiempo

VENTISCA: Fuerte tormenta de viento y nieve

5

¡Es difícil ver durante una ventisca!

6

A veces no llueve durante mucho tiempo. A eso lo llamamos sequía.

El viento

El viento es aire en movimiento. Un viento suave es una brisa. Un viento fuerte es un ventarrón.

El viento tiene energía. Empuja las
nubes y la lluvia por el cielo. Gracias
al viento danzan las cometas.

El tiempo y yo

El tiempo te ayuda a planear tu día. ¿Debes ponerte las gafas de sol o tus botas de lluvia? ¿Irás a nadar o a lanzar bolas de nieve?

Dondequiera que vayas, el tiempo va contigo.

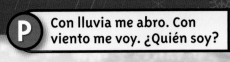

P Con lluvia me abro. Con
viento me voy. ¿Quién soy?

R El paraguas.

Y eso, ¿qué es?

Estas fotos muestran de cerca cosas relacionadas con el tiempo. Usa las pistas para descubrir qué hay en cada foto. Las respuestas están en la página 31.

PISTA: Póntelas cuando brilla el sol.

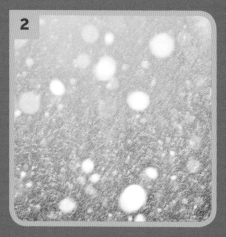

PISTA: Caen en las neviscas o en las ventiscas.

BANCO DE PALABRAS

gotas de lluvia   copos de nieve   gafas de sol
paraguas   nubes   relámpago

3

PISTA: Lo abres cuando cae la lluvia.

4

PISTA: Es una descarga de electricidad.

5

PISTA: Hay de todos los tamaños y formas.

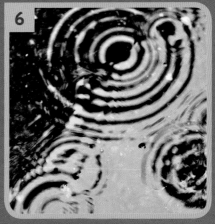

6

PISTA: Caen de las nubes en días cálidos o frescos.

ELECTRICIDAD: Energía que puede generar calor y luz

GOTITA: Porción muy pequeña de líquido

NEVISCA: Nevada breve y liviana que no alcanza a cubrir el suelo

VENTISCA: Fuerte tormenta de viento y nieve